UNICAMP

IMPRESSO NAS OFICINAS GRÁFICAS DA UNICAMP

1999
Editora da Unicamp
Caixa Postal 6074
Cidade Universitária – Barão Geraldo
CEP 13083-970 – Campinas – SP – Brasil
Fone: (019)788.1015 – Fone/Fax: (019)788.1100
Internet: www.editora.unicamp.br

MONTSERRAT MORENO

Como se Ensina a Ser Menina

O SEXISMO NA ESCOLA

Tradução: *Ana Venite Fuzatto*
Revisão técnica: *Ana Maria Faccioli de Camargo*
Coordenação: *Ulisses Ferreira de Araújo*

EDITORA DA UNICAMP

EDITORA MODERNA

COORDENAÇÃO EDITORIAL: Carminha Branco
EDIÇÃO DE TEXTO: Célia Regina F. Menin
REVISÃO: Maria F. Cavallaro
Taeco Morissawa
GERÊNCIA DE PRODUÇÃO GRÁFICA: Wilson Teodoro Garcia
EDIÇÃO DE ARTE E PROJETO GRÁFICO: Ana Maria Onofri
CAPA: João Baptista Costa Aguiar
PESQUISA ICONOGRÁFICA: Vera Lucia da Silva Barrionuevo
As imagens identificadas com a sigla CID foram fornecidas pelo Centro de Informação e Documentação da Editora Moderna.
DIAGRAMAÇÃO: Maria Lucia F. Couto
SAÍDA DE FILMES: Helio P. de Souza Filho, Luiz A. da Silva
COORDENAÇÃO DO PCP: Fernando Dalto Degan
IMPRESSÃO E ACABAMENTO: Oficina Gráfica Unicamp

Dados Internacionais de Catalogação na Publicação (CIP)
(Câmara Brasileira do Livro, SP, Brasil)

Moreno, Montserrat,
Como se ensina a ser menina : o sexismo na escola / Montserrat Moreno ; coordenação Ulisses Ferreira de Araújo ; tradução Ana Venite Fuzatto. — São Paulo : Moderna ; Campinas, SP : Editora da Universidade Estadual de Campinas, 1999. — (Educação em pauta : escola e democracia)

Título original: Cómo se enseña a ser niña : el sexismo en la escuela.

1. Diferenças entre sexos na educação 2. Mulheres – Educação 3. Sexismo na educação I. Araújo, Ulisses Ferreira de. II. Título. III. Título: O sexismo na escola. IV. Série.

99-1703 CDD-370.19345

Índices para catálogo sistemático:
1. Sexismo na escola : Sociologia educacional 370.19345

ISBN 85-16-02363-X

Título Original: *Cómo se enseña a ser niña*
Primeira publicação: dezembro 1986

Rua Padre Adelino, 758 - Belenzinho
São Paulo - SP - Brasil - CEP 03303-904
Vendas e Atendimento: Tel. (011) 6090-1500
Fax (011) 6090-1501
www.moderna.com.br
1999

Impresso no Brasil

1 3 5 7 9 10 8 6 4 2

Sumário

Prefácio

*Ana Maria Faccioli de Camargo**

ANÁLISE crítica e perspicácia são os traços mais salientes deste trabalho de Montserrat Moreno. *Como se ensina a ser menina: o sexismo na escola* é um livro de questionamentos, em que a autora revela a visão sexista — discriminação entre os sexos — dominante na sociedade e, conseqüentemente, na escola.

Em suas reflexões, observa como o poder da ciência torna o conhecimento científico uma crença dogmática. Indo mais além, aponta para o fato de que as "verdades" científicas se alteram com a aquisição de novos conhecimentos, que derrubam dogmas fortemente estabelecidos.

Tendo como substrato de sua investigação a sociedade espanhola da atualidade, investigação esta que pode ser perfeitamente adaptada à realidade brasileira, Montserrat Moreno demonstra sensibilidade nas análises que faz tanto da produção do conhecimento científico como das atitudes e atividades da sociedade e da escola, captando a presença do sexismo na linguagem, nos conteúdos das diferentes disciplinas do currículo escolar e na forma de apresentação desses conteúdos nos livros didáticos.

---

* Ana Maria Faccioli de Camargo é professora da Faculdade de Educação da Unicamp – Universidade Estadual de Campinas, doutora em Educação e coordenadora do GEISH – Grupo de Estudos Interdisciplinares em Sexualidade Humana, naquela universidade.

Outro ponto que parece-me pertinente comentar é que *Como se ensina a ser menina: o sexismo na escola* se insere em uma produção mais ampla que a autora e o grupo a que pertence em Barcelona vêm publicando nos últimos anos, com o apoio do Instituto da Mulher do Ministério de Assuntos Sociais da Espanha.

Em relação ao sexismo, ela diz que estamos habituados a pensar segundo uma concepção androcêntrica — o homem como ser humano e "masculino" no centro dos acontecimentos — imensamente difícil de ser superada, pois a própria mulher compactua com o androcentrismo porque compartilha deste pensamento. Mas a autora vai além e considera que, se os dogmas científicos podem ser substituídos, o mesmo pode ocorrer com o pensamento androcêntrico. Assim, a mulher poderá deixar de ser marginalizada e considerada elemento social de segunda categoria.

Os três capítulos do livro mostram como a linguagem utilizada na apresentação do conhecimento científico está impregnada de sexismo e que a escola, por seu caráter normativo e por seu papel de transmissora daquele conhecimento, também está contaminada pelo sexismo, que constitui o *código secreto* e silencioso que molda e discrimina o comportamento de meninos e meninas, homens e mulheres. O expressar-se no "masculino" está presente em diversos conteúdos de História, de Matemática e de Língua trabalhados. A escola também *ensina a ser menina*...

Na totalidade desta obra surge, de modo nítido, a linha de continuidade da investigação conduzida por Montserrat Moreno e aqui abundantemente exemplificada: de um lado, a presença do sexismo na escola e conseqüentemente no ensino e, de outro, a crença nas possibilidades de superação deste quadro. Crença que a autora manifesta ao considerar que as grandes realizações da humanidade foram, em algum momento, utopias e que para construí-las foi necessário sonhar. Isto me faz lembrar de um pensamento de autor desconhecido: "O homem é do tamanho de seu sonho, de seu ideal, de sua esperança, de seu plano; o homem faz o seu sonho e, ao realizá-lo, é o sonho que faz o homem".

Qual é, então, a mensagem da autora? Que os fundamentos científicos que discriminam a mulher devem ser recusados pela escola, para que ela não se converta em cúmplice ideológica da ciência e rompa, assim, a cadeia de transmissão do androcentrismo. A autora dá seu testemunho de que os sonhos são possíveis e, quando se vê diante do sexismo presente na escola, nos livros, nos professores e nos pais, não recua. Penetra fundo em sua análise e publica suas reflexões sem receio. Seu compromisso como educadora significa também assumir-se, publicamente, perante seus colegas e a sociedade. É com esta coragem que, ao tratar de um tema tão difícil e carregado de discriminações, Montserrat Moreno mostra como *os sonhos vão à escola.*

Campinas, abril de 1999.

Introdução

Uma das características fundamentais que diferenciam o ser humano dos demais animais é sua capacidade de imaginar. Nossa fantasia transforma a realidade e a reconstrói dentro de cada um, dando-lhe uma forma particular que se parece mais com quem a imagina do que com a realidade exterior. O pintor a converte em um quadro, o músico em uma melodia, o cientista em uma teoria, e o resultado desta produção tem tanto de realidade como de fantasia. Talvez por isso se diga que nós somos feitos da mesma matéria que os sonhos, porque isso a que chamamos "realidade" não é mais do que o que imaginamos ser a realidade.

Para cada um só é possível o que pode imaginar, só é real o que pensa que existe e só é certo aquilo em que acredita. Nossa visão do mundo é, pois, parcial e limitada por nós mesmos, por nossos conhecimentos e por nossos dogmas. Agimos e movemo-nos não de acordo com a realidade, mas de acordo com nossa imagem do mundo. Cada pessoa não constrói esta imagem por si mesma, a partir da observação de alguns fatos concretos e reais, e sim, na maioria dos casos, a partir do que os outros lhe dizem a respeito desses fatos, ou seja, a partir dos julgamentos que os demais emitem sobre a realidade.

Os demais — familiares, professoras e professores, livros, amigos e amigas, etc. — estão, por sua vez, sob a influência de outros "demais", que recebem a influência de outros, e assim sucessivamente. Essa cadeia de influências pessoais estende-se no espaço e remonta a épocas muito distantes, cuja lembrança se perdeu, mas das quais conservamos uma forma de ver o mundo. Daí advém o fato de que nossa forma de pensar está fortemente condicionada pela sociedade à qual pertencemos, por sua cultura e por sua história. Daí também decorre que as idéias mais absurdas, sem nenhum correlato com a realidade, podem perpetuar-se durante séculos e mais séculos.

Nós não organizamos o mundo de maneira original com o nosso pensamento, mas limitamo-nos quase sempre a aprender a forma pela qual o organizaram aqueles que nos precederam, quais são as categorias em que se divide o universo, que seres pertencem a cada uma delas, o que é o bom e o mau, o que deve ser e o que não deve ser.

A partir do momento em que nascemos, começamos a receber essa influência social que condicionará nossa maneira de ver e de estar no mundo. Com a linguagem, aprendemos a primeira forma de dividir nosso universo em categorias. As palavras denominam as coisas, mas também fazem com que as agrupemos de uma determinada maneira em nosso pensamento.

O bebê aprende com as primeiras palavras que existe uma "mamãe" e um "papai"; logo aprenderá que existem "meninas" e "meninos", e esta dicotomia o terá diferenciado muito antes que ele saiba que existe a palavra "pessoa", que pode aplicar-se igualmente a todas elas. Existem muitas formas de diferenciar as pessoas, mas nosso idioma priorizou a característica *sexo* para subdividi-las, dando-lhes um nome específico. Evidentemente, o mesmo não ocorre com outras características humanas. Não existe, por exemplo, uma palavra específica para denominar uma pessoa de olhos azuis ou uma cujos pés suam.

As palavras de um idioma indicam as categorias nas quais uma determinada comunidade lingüística divide o mundo, e tais categorias imprimem na mente de cada um de seus membros uma primeira forma de classificar o universo. Que este mundo se divida de uma forma ou de outra depende dos interesses de cada sociedade, e a antropologia nos mostra como esses sistemas de classificação não são iguais para todos os povos.

De fato, existem línguas que, como o *hopi*, não possuem termos que indiquem o gênero a que pertence a pessoa de quem se fala, e alguns povos indígenas da América — como os navarros — classificam, em seu idioma, os objetos de acordo com a forma que possuem, dando a esta característica prioridade sobre as demais.

Ao mesmo tempo que aprendem as palavras, as meninas e os meninos de cada comunidade lingüística aprendem — inicialmente de maneira confusa — a idéia que há por trás delas, ou seja, a "realidade" que os demais lhe atribuem. À medida que o tempo passa e seu desenvolvimento intelectual avança, os significados das palavras tornam-se precisos e, com eles, sua participação na forma de conceber o mundo de sua comunidade.

Sob a ótica social, existe somente aquilo que tem um nome ou aquilo de que é possível falar, ou seja, aquilo de que já se falou alguma vez[1]; o resto das coisas — o inefável — pertence

1. Os grupos sociais minoritários — jovens, marginalizados, etc. — precisam inventar uma nova linguagem (gíria) porque querem dizer coisas novas e a linguagem de sua comunidade lingüística é incapaz de prestar conta de sua divisão do mundo, daquelas características que não são consideradas pela sociedade, mas que para esses grupos, são muito importantes. Somente o cientista, o literato, o criador em qualquer campo ou o marginalizado — os que fogem do comum — inventam palavras novas para denominar novos conceitos ou para comparar, variar, marcar, subdividir ou dar um novo sentido aos já existentes, isto é, para criar novas classes ou enriquecer a compreensão das já existentes.

ao mundo obscuro e confuso do individual, do incomunicável, do que não pode ser dito e, portanto, não tem existência social. A linguagem reflete, assim, o sistema de pensamento coletivo, e com ele se transmite uma grande parte do modo de pensar, sentir e atuar de cada sociedade.

Esse tipo de transmissão é inconsciente, como ocorre com a maioria das coisas que dão forma ao social. Uma mãe, ao ensinar sua filha a falar, não pensa que, além de ensiná-la a comunicar-se, está ensinando também um sistema para interpretar o mundo, está mostrando a ela que coisas são iguais a outras, porque recebem o mesmo nome, e que coisas são diferentes, porque recebem nomes diferentes. A menina, como faz parte do mundo, também está incluída em uma categoria, *é* uma menina. Com o tempo, ela vai aprender o que isto significa.

Ao ingressar na escola, meninas e meninos já sabem muito bem qual é sua identidade sexual e qual é o papel que, como tais, lhes corresponde, ainda que não tenham muito claro o alcance e o significado deste conceito, assim como o de tantos outros. A escola colaborará eficazmente no esclarecimento conceitual do significado de ser menina e fará o mesmo com o menino. Não o fará, porém, sempre de maneira clara e aberta, mas na maioria das vezes de forma dissimulada ou com a certeza arrogante daquilo que, por ser tão evidente, não necessita sequer ser mencionado nem muito menos explicado. As atitudes, o que está implícito, os gestos atuam da mesma maneira que a propaganda subliminar, usada às vezes de maneira subversiva no cinema e na televisão, emitindo mensagens das quais não somos conscientes, mas que são muito mais eficazes que as explicitadas e têm a vantagem de não precisar ser pensadas nem justificadas.

A escola tem marcada uma dupla função: a formação intelectual e a formação social dos indivíduos, ou seja, seu adestramento nos próprios modelos culturais. Porém, caso se limite a isto, terá feito um pequeno favor à sociedade. Não será mais que um aparelho reprodutor de vícios e virtudes, de sabedorias e de mediocridades. Sua missão pode ser muito diferente. Em lugar de ensinar o que outros pensaram, pode ensinar a pensar; em lugar de ensinar a obedecer, pode ensinar a questionar, a buscar os porquês de cada coisa, a iniciar novos caminhos, novas formas de interpretar o mundo e de organizá-lo.

Nas páginas que seguem, analisaremos como, por meio desses objetivos que lhe foram atribuídos — a formação intelectual, científica e social —, a escola transmite os sistemas de pensamento e as atitudes sexistas, aquelas que marginalizam a mulher e a levam a ser considerada um elemento social de segunda categoria, ou seja, analisaremos como a escola ensina a ser menina.

Fantasia e Realidade da Ciência

A escola tem por missão aproximar alunas e alunos do pensamento científico, para proporcionar-lhes conhecimentos e desenvolver sua inteligência, e costuma cumprir esta missão com a rigidez própria de uma manifestação dogmática. Esta atitude apóia-se em uma série de concepções errôneas a respeito do que é a ciência e do que é a inteligência.

Acreditou-se durante séculos, e continua-se acreditando ainda, que a inteligência — no plano individual — e a ciência — no plano coletivo — conduzem à descoberta da verdade, e esta é uma idéia que precisa ser abolida, porque é equivocada.

A ciência, assim como a inteligência, não nos conduz à verdade (mesmo que esta seja sua presunção), mas simplesmente nos permite elaborar modelos e explicações dos fenômenos que ocorrem ao nosso redor e em nós mesmos. Estes modelos e explicações podem ser adequados aos fatos tratados, sem que por isso sejam mais ou menos inteligentes ou científicos.

Encontramos, ao longo da história das ciências, muitas teorias e explicações de fenômenos que, em seu tempo, mereceram a adesão incondicional dos cientistas e, com o passar do tempo, outras novas teorias e interpretações se encarregaram de invalidar.

Um personagem tão relevante como Descartes, cujo excelente nível intelectual ninguém se atreveria a colocar em dúvida, considerava que as pedras caíam porque eram atraídas para a terra por um redemoinho semelhante aos que se formam nas correntes de água e que um grande redemoinho também era a causa de os planetas girarem ao redor do Sol. O que parece surpreendente, porém, não é que os cientistas, e a ciência que eles produzem, cometam erros, e sim que estes erros, que são o resultado de uma forma de interpretar os fatos, sejam confundidos com a "realidade" até o ponto de se tentar deslocar esta mesma realidade para adaptá-la a suas idéias. A história nos proporciona inúmeros exemplos deste fato.

Quando, em 1672, se descobriu, graças ao microscópio, a existência dos espermatozóides, a maioria dos cientistas da época aderiu à teoria do "homúnculo" pré-formado, que defendia que dentro de cada espermatozóide humano havia uma pessoa minúscula, perfeitamente acabada, que teria apenas de crescer para transformar-se em um bebê. Estavam tão intensamente convencidos desta idéia, que muitos deles chegaram a vê-lo! Nos tratados da época podem ser observados os desenhos que alguns deles realizaram dessas visões.

Como pode uma idéia prévia alterar a tal ponto a percepção da realidade? E como é possível que sejam exatamente os cientistas os que sofrem esse tipo de alucinação? Simplesmente porque tal interpretação constituía uma peça que encaixava perfeitamente no quebra-cabeça ideológico da época. De fato, ela permitia explicar desde a predestinação — se estamos preformados, estamos também predestinados — até o pecado original, já que nos óvulos e espermatozóides de Eva e de Adão estavam contidos todos os seres humanos, como em uma espécie de boneca russa, encaixados uns dentro dos outros. Toda a espécie estava, pois, presente no momento da ingestão da fatídica maçã.

Esse tipo de extrapolação que tenta manipular a ciência a serviço da ideologia, longe de constituir rara exceção, é antes o pão nosso de cada dia. Quando John Wesley descobriu, no século XVIII, o asbesto, um mineral incombustível do qual se extrai o amianto, deu saltos de alegria não porque pressentiu o uso que iam fazer dele no futuro os esforçados bombeiros, mas porque considerou que havia encontrado a prova irrefutável da existência do inferno. De fato, se o asbesto podia resistir ao fogo sem se queimar, também podiam fazê-lo as almas dos condenados, cuja combustibilidade, aparentemente, o havia preocupado bastante.

As idéias preconcebidas e a inserção das mitologias e das religiões no pensamento científico nem sempre tiveram má sorte; às vezes, como o asno da fábula, conseguiram fazer tocar a flauta. Uma coisa assim ocorreu a Paracelso, um sábio e famoso médico do século XVI que supôs que os pacientes anêmicos, com carência de sangue, tinham alguma relação com Marte, o planeta vermelho, que por sua vez era considerado desde a antiguidade o deus da guerra, do sangue e do ferro. Em conseqüência, administrou-lhes sais de ferro, com o que casualmente obteve sucesso.

Motivos semelhantes, ainda que menos afortunados, tinham os médicos para administrar assa-fétida e valeriana às mulheres acometidas de histeria, porque acreditavam que esta enfermidade era produzida pela migração do útero através do corpo, o qual voltava a sua posição normal graças à ação dos fétidos remédios. Nenhuma observação direta ou constatação experimental jamais avalizou a teoria do útero migratório — que dificilmente poderia explicar os casos de histeria masculina —, mas isto não abalou nem um pouco a convicção que os médicos tinham a respeito da validade das citadas drogas, a ponto de, no início de nosso século, quando já se havia esquecido completamente sua origem, continuarem sendo receitadas.

Dizia-se acima que a ciência não conduz necessariamente à verdade, mas poder-se-ia argumentar que não se pode chamar "ciência" aos erros dos cientistas, como os que acabo de citar ou como muitos outros, cuja relação exaustiva excederia em muito o espaço destinado a este texto. Somente têm direito de ser chamados científicos aqueles descobrimentos cuja certeza está amplamente comprovada, mas não aqueles sobre os quais se duvida ou que se mostraram falsos no decorrer do tempo. Se aceitamos este ponto de vista, não temos outra saída a não ser admitir que só é científico o pensamento de nossa época, ou seja, aquele que a história não teve ainda tempo de controverter. Então, por que não admitir as afirmações que realizei no início sobre a não-veracidade da ciência? O fato de que este último argumento seja paradoxal não o torna necessariamente falso.

As idéias de Newton continuam sendo científicas, mesmo que contenham alguns erros; o mesmo ocorre com a teoria darwiniana da evolução das espécies ou a teoria da relatividade de Einstein, porque o que caracteriza o pensamento científico é exatamente a mutabilidade, ou seja, a capacidade que tem de estar em contínua mudança, em contínua busca de novas formas de interpretar os fatos, de mudar a idéia que se tem da "realidade".

Mas é preciso abolir a convicção, comumente difundida, de que os fatos considerados "cientificamente provados" não podem ser falsos, para que, guiados por um inconsciente paganismo, não ergamos um trono à verdade e assentemos nele a ciência.

A ciência não só comete erros, como também é necessário que os cometa, da mesma forma que para construir um edifício é necessário colocar andaimes e pilares provisórios, que serão retirados uma vez terminada a construção. O erro é consubstancial a toda construção intelectual. Não coloco em questão que os erros fazem parte da ciência, como também fazem parte do que chamamos inteligência; me oponho, na realidade, a considerar a ciência como sinônimo de verdade.

A ciência constitui uma forma particular de interpretar o mundo em cada época histórica e não está em absoluto isenta de preconceitos ideológicos; indo mais além, a ciência, junto com a ideologia, determina a forma e a cor do cristal com que cada época histórica contempla o universo que o envolve. Esta forma de ver as coisas transmitida aos jovens por meio do que chamamos educação, em cada momento histórico, determina os modelos de pensamento e os padrões de conduta dos novos indivíduos, ensina-lhes o que cada um deles é e indica-lhes também em que consiste a "realidade" e a forma adequada de aproximar-se dela, de julgá-la, de analisá-la, de conhecê-la e de acreditar nela.

A discriminação da mulher, as características negativas que lhe têm sido atribuídas têm-se apoiado freqüentemente em concepções científicas como as que acabamos de comentar, profundamente influenciadas por preconceitos ideológicos, dos quais a ciência atual não está isenta. É preciso contemplá-la, pois, com espírito crítico e transmitir este mesmo espírito aos jovens. A ciência não só pode equivocar-se, como também se equivoca, enuncia verdades provisórias que se retificam com o passar do tempo e, se esta retificação não se produz, é porque estamos falando de crenças dogmáticas que estão nas contradições da ciência.

Todo pretenso fundamento científico em nome do qual se discrimina a mulher deve ser energicamente rechaçado e criticado pela escola, para que esta não se converta em cúmplice da manipulação ideológica da ciência e para que se rompa, assim, a cadeia de transmissão do androcentrismo.

O Androcentrismo

A falta de neutralidade da ciência, influenciada por preconceitos ideológicos ou por adesão a idéias preconcebidas que tornam impossível a suposta "objetividade" (se alguém é sujeito, nunca pode ver as coisas "objetivamente", isto é, a partir da ótica do objeto), é algo que já mencionamos anteriormente, mas a esta parcialidade ideológica é necessário acrescentar outra que até agora não analisamos, a parcialidade androcêntrica, que é ainda mais forte que a ideológica, porque, enquanto ao longo da história mudam as ideologias, as filosofias, as religiões, os sistemas políticos e econômicos, as castas ou camadas em que se hierarquiza a sociedade, a relação social homem-mulher permanece invariável ou muda muito pouco, como se neste assunto, e somente neste, os cromossomos determinassem o lugar que cada indivíduo deve ocupar em uma sociedade.

O androcentrismo, um dos preconceitos mais graves e castradores de que padece a humanidade, vem impregnando o pensamento científico, o filosófico, o religioso e o político há milênios. Tantos séculos pensando de uma maneira podem levar a crer que não há outra maneira possível de pensar e, estando tão presos a algumas idéias, parece que somos incapazes de refletir sobre elas e de criticá-las, como se fossem verdades inalteráveis.

O androcentrismo consiste em considerar o ser humano do sexo masculino como o centro do universo, como a medida de todas as coisas, como o único observador válido de tudo o que ocorre em nosso mundo, como o único capaz de ditar as leis, de impor a justiça, de governar o mundo. É precisamente esta metade da humanidade que possui a força (os exércitos, a polícia), domina os meios de comunicação de massas, detém o poder legislativo, governa a sociedade, tem em suas mãos os principais meios de produção e é dona e senhora da técnica e da ciência.

CID

Homens e mulheres compartilham a visão androcêntrica, pois nela foram educados e não puderam ou não quiseram esquivar-se.

Existe um preconceito muito difundido que consiste em acreditar que a visão androcêntrica do mundo é a que possuem os homens, mas isto não é verdade; na realidade, é esta a visão que possui a maioria dos seres humanos, homens e mulheres, nela educados e que não puderam ou não quiseram esquivar-se.

O androcentrismo supõe, a partir da ótica social, um acúmulo de discriminações e de injustiças em relação à mulher que não seriam tolerados em nenhum outro grupo humano. Quem consideraria justo no momento atual, por exemplo, que todas as pessoas que nascessem com o cabelo ruivo tivessem que obedecer às que têm o cabelo negro, cuidar delas e servi-las até que a morte as separe?

Se a mulher os tolera, é porque ela mesma participa do pensamento androcêntrico e tem inconscientemente aceitado todas as suas idéias; e mais, em inúmeras ocasiões, é sua principal defensora e, na imensa maioria das vezes, sua mais fiel transmissora.

O pensamento androcêntrico é, na realidade, um tipo de pensamento muito rudimentar que, curiosamente, pode coexistir ao lado de outro muito mais elaborado, como o pensamento científico, ao qual contamina e no qual introduz graves deformações. Encontramos seu correlato nas sociedades menos evoluídas sob o nome de "etnocentrismo".

Em todos os grupos humanos do planeta (tanto históricos como atuais) nos quais existem explicações mitológicas sobre as origens de nossa espécie, encontramos repetitivamente a idéia de que os primeiros seres humanos apareceram no mundo precisamente ali, onde eles habitam. Seus antepassados foram sempre os primeiros habitantes do planeta. Esta idéia está arraigada nas populações autóctones da América, da África, da Oceania, da Ásia e também da Europa. No entanto, se alguém não se considera parte integrante de nenhuma tribo, mas simplesmente habitante de um planeta cuja primazia todos disputam entre si, torna-se muito fácil compreender o absurdo de todas essas pretensões etnocêntricas. Como pode haver tantas origens únicas?

O etnocentrismo está estreitamente ligado ao androcentrismo, porque o macho humano, não contente em considerar que sua etnia é a primeira a habitar a face de nosso velho planeta, enaltece este mito até controverter de forma ridícula as leis naturais.

O ser que deu origem ao primeiro indivíduo humano, na mitologia androcêntrica, é sempre do sexo masculino, assim como o primeiro ser humano, o que lhe cria a difícil situação de ter que explicar como, a partir de um primeiro homem, só e estéril, toda a espécie humana foi gerada. Mas os mitos não se intimidam diante desta "pequena dificuldade" e, como não têm por que fazer a menor concessão à lógica elementar ou ao senso comum e como a opinião das mulheres sobre sua flagrante suplantação não lhes preocupa em absoluto, recorrem à lógica androcêntrica. Neste sentido, qualquer absurdo, contanto que favoreça a idéia preconcebida que defendem, é considerado como aceitável.

Porém, o pensamento androcêntrico, limitado a si mesmo, simples e reduzido, não se detém na mitologia, mas impregna o pensamento filosófico e científico que o acompanharão ao longo da história.

O homem é o centro da espécie humana: esta é uma idéia ridícula que não se conseguiu eliminar desde que, há milhares de anos, começou a se impor.

JOE PATRONITE/THE IMAGE BANK

As manifestações espontâneas nas brincadeiras dos meninos costumam ser de caráter agressivo, como no caso de uma disputa de bola, no jogo de futebol.

A ciência, do mesmo modo que os mitológicos cíclopes, contempla a realidade com um olho só, e a visão que resulta desta contemplação é parcial, simplista, sem relevância. Falta-lhe o necessário contraste de outra visão, de outro ponto de vista. Marcel Proust dizia que o verdadeiro descobrimento não consiste em buscar novas paisagens, mas em possuir novos olhos. De fato, Copérnico não precisou mudar de planeta para chegar à conclusão de que a Terra não era o centro do universo; apenas contemplou a problemática apresentada com olhos diferentes, negando o geocentrismo, outro dos "centrismos" que impedia o avanço do pensamento. Tampouco é preciso mudar de planeta para ver a realidade de outra maneira; basta introduzir o ponto de vista da mulher, e uma das muitas formas de fazê-lo é por meio da educação, campo no qual representa um papel extraordinariamente importante.

O Que Acreditamos Ser

Do mesmo modo que cada pessoa tem uma imagem da "realidade" profundamente influenciada pela ciência e pela ideologia de seu tempo, também tem uma imagem do que ela é que foi-se formando precisamente por meio destas e de outras influências similares, que constituem o marco de referência de nosso eu.

Tudo o que fazemos, como nos comportamos, a forma de pensar, falar, sentir, fantasiar e até sonhar, sofre influência da imagem que temos de nós mesmos.

Esta imagem, nós não a fabricamos do nada, mas a construímos a partir dos modelos que a sociedade nos oferece. E é a sociedade e não a biologia ou os genes quem determina como devemos ser e nos comportar, quais são nossas possibilidades e nossos limites. Vem daí a necessidade da educação. Se os seres humanos se comportassem unicamente a partir de seus impulsos biológicos, se as condutas consideradas masculinas e femininas fossem espontâneas, naturais e predeterminadas, não seria necessário educar tão cuidadosamente todos os aspectos diferenciais; bastaria deixar que a natureza atuasse por si mesma. Ao contrário, o indivíduo humano é capaz de uma gama variada de condutas que não estão determinadas no momento do nascimento. De todas as possíveis formas de atuação, cada sociedade elege algumas que constituem seu modelo e que vão-se formando e transmitindo ao longo de sua história, ficando rigidamente estabelecidas como normas ou modelos de conduta. Estes padrões ou modelos não são os mesmos para todos os indivíduos; existem uns para o sexo feminino e outros para o masculino, claramente diferenciados.

Os modelos de comportamento têm a particularidade de ser considerados em cada sociedade como universais e inerentes ao gênero humano; vem daí que não se hesite em ligá-los a um determinismo biológico ou, se o assunto se presta a isso, a um mandato divino. A antropologia mostra-nos uma grande variedade de explicações deste tipo. Assim, por exemplo, os massai consideram que têm o direito de se apoderar do gado das tribos vizinhas, porque Deus, depois de criar o gado, criou os massai e entregou-lhes o gado. Estes, muito devotos dos mandatos divinos, praticam o roubo do gado sem o menor remorso. A mitologia ocidental considera a mulher uma propriedade do homem por ter sido ela criada a partir de uma de suas costelas, fazendo proceder também de um mandato divino uma norma de conduta eleita pelo homem.

Os modelos de conduta são as diretrizes que guiam o comportamento dos indivíduos, suas atitudes e sua maneira de julgar os fatos e os acontecimentos que os rodeiam. Determinam o que está bem ou o que está mal, o que se deve e o que não se deve fazer e como há de se reagir em cada momento determinado. Os modelos de conduta constituem o sucedâneo do pensamento inteligente, porque implicam a submissão da razão às normas dos costumes estabelecidos.

Os modelos de comportamento atuam como organizadores inconscientes da ação, e é esta característica de inconsciência que os torna mais dificilmente modificáveis. São transmitidos de geração a geração e século após século por meio da imitação de condutas e de atitudes que não chegam a ser explicitadas verbalmente ou por escrito, mas que são conhecidas por todos e compartilhadas por quase todos.

Os padrões e os modelos de conduta não podem ser modificados com a simples imposição de uma disposição ou de um decreto-lei. É necessária uma mudança mais profunda na mentalidade dos indivíduos, e o lugar privilegiado para introduzi-la é exatamente a escola. Para que isso seja possível, é necessário tomar consciência dos mecanismos inconscientes de transmissão do modelo que queremos modificar.

A discriminação da mulher começa muito cedo, no momento do nascimento ou mesmo antes. Quando meninas e meninos chegam à escola, já têm interiorizada a maioria dos padrões de conduta discriminatória. Mesmo que tenhamos escolas mistas e que meninas e meninos sentem-se ao redor das mesmas mesas, na hora do recreio os meninos jogam com os meninos e as meninas com as meninas. Nas brincadeiras livres é que se exercitam espontaneamente os modelos aprendidos de conduta, é aí que aparece a fantasia com a qual cada indivíduo se identifica. Mas, curiosamente, é nesses momentos de "liberdade" que cada indivíduo se encontra mais intensamente limitado pelas normas estabelecidas, como se tivesse "ple-

Em suas brincadeiras, as meninas têm liberdade para ser cozinheiras, cabeleireiras, fadas madrinhas, mães que limpam seus filhos, enfermeiras etc., brincadeiras que denotam o caráter pacífico a elas atribuído.

CID

A enroladora de lã, de Jean-Baptiste Greuze.

na liberdade" para identificar-se com os arquétipos que estão destinados a ele em função de seu sexo, mas não para transgredi-los.

As meninas têm liberdade para ser cozinheiras, cabeleireiras, fadas madrinhas, mães que limpam seus filhos, enfermeiras, etc., e os meninos são livres para ser índios, ladrões de gado, bandidos, policiais, "super-homens", tigres ferozes ou qualquer outro elemento da fauna agressiva.

As manifestações espontâneas nas brincadeiras dos meninos costumam ser de caráter agressivo e no das meninas de caráter pacífico. Isso se deve a quê? Se meninos e meninas tendem a identificar-se com os modelos vigentes em nossa sociedade e isso se manifesta no jogo, se os jogos são tão diferentes, é necessário admitir que existem modelos diferentes para uns e para outros no que concerne a essa característica. Assim, esses modelos podem obedecer a padrões de conduta do tipo genético, ligados à biologia e totalmente independentes do social; podem, por outro lado, depender unicamente de um determinado tipo de organização social ou participar de ambos os componentes.

As atitudes e as características de temperamento consideradas inatas e independentes de fatores culturais e educativos aparecem na mais tenra idade e, nos sujeitos "normais", só aumentam com a idade se o meio as incentivar e favorecer; caso contrário, são reprimidas pelo indivíduo e passam por um processo recessivo, sendo na maioria dos casos eliminadas, modificadas ou reduzidas ao estado latente. Tal é o caso, por exemplo, da tendência que têm todas as crianças pequenas de apoderar-se do que gostam, sem se preocupar com a questão de a quem pertence, ou dos impulsos sexuais que aparecem na criança pequena e que, ao serem reprimidos em nossa sociedade, permanecem não-explícitos no período da infância que os psicanalistas denominam "de latência" e reaparecem de maneira manifesta na adolescência, momento em que gozam da compreensão e da aprovação social.

Quando uma característica de temperamento, ao contrário de diminuir com o tempo e com a pressão educativa aumenta com a idade, temos de pensar que, longe de ter sido reprimida socialmente, ela foi estimulada ou pelo menos tolerada sem que se tenha colocado em ação algum mecanismo eficaz de controle dessa característica. Isto é exatamente o que ocorre com a agressividade dos meninos.

Nos primeiros meses de vida é impossível detectar um nível de agressividade maior nos meninos que nas meninas, mas, à medida que crescem, a diferença vai-se acentuando. Devemos, pois, concluir que a agressividade é uma das características do modelo que se apresenta aos meninos e que tal característica não figura no que é apresentado às meninas.

Nenhum livro de texto, nenhuma história em quadrinhos, nenhum programa de televisão, nenhum filme diz abertamente ao menino que ele deve ser agressivo, mas não acreditamos que não tenham nenhuma influência sobre sua conduta agressiva. Cada um deles, de diferentes maneiras, está estimulando a agressividade no menino e reprimindo-a na menina não de forma explícita e declarada, mas com a hipocrisia cúmplice de quem incita a fazer algo de que não quer ser acusado.

Certos psicólogos asseguram que os filmes e seriados agressivos cumprem uma função benéfica para o menino, pois ajudam-no a liberar, por meio da fantasia, seus impulsos agressivos inatos. Se assim fosse, deveria ser também benéfico apresentar na tela tudo aquilo que se deseja reprimir, começando por incesto, todo tipo de relações sexuais, heróis desobedecendo a seus pais e professores, etc., etc. Mas curiosamente estes modelos não são apresentados aos meninos, porque no fundo, não nos enganemos, todos nós sabemos muito bem o que se reprime e o que se incita e a quem isso se dirige. As palavras que escondem idéias implícitas atuam como estimulantes ou repressoras de uma eficácia muito superior à dos discursos claramente formulados.

As formas de comportamento escolhidas por nossa sociedade e transmitidas aos jovens por meio da educação são o reflexo da ideologia que a domina, têm muito pouco de universais e de inerentes ao ser humano e são, portanto, modificáveis.

A escola não é a única responsável pela transmissão de modelos segregacionistas, mas tem um papel importante nesta transmissão, papel que tentaremos analisar primeiramente em relação à formação intelectual e à transmissão de conteúdos. No momento de ensinar Línguas, História, Matemática, Ciências, etc., a escola parece ter um papel neutro em relação à discriminação da mulher, porque trata-se de matérias "científicas" e, portanto, aparentemente distanciadas de preconceitos ideológicos. Veremos se é realmente assim.

1

A Discriminação por meio dos Conteúdos do Ensino

O FATO de que o ensino misto está generalizado nos dias de hoje pode levar qualquer observadora ingênua a acreditar que a escola aboliu a discriminação sexista. Isto não é nem sequer uma garantia. A família também é mista, muitos locais de trabalho e a própria sociedade também o são, e existe discriminação sexista neles precisamente porque são mistos; não fosse assim, esta não teria lugar. Os danos comparativos põem-se precisamente em evidência quando há alunos de ambos os sexos nas classes e é possível estabelecer comparações entre os diferentes tratamentos recebidos. Porém, passaremos agora ao largo desta diferença — da qual falaremos mais adiante —, para nos centrarmos na análise dos conteúdos do ensino.

É certo que as alunas e os alunos de uma mesma classe ouvem as mesmas explicações, realizam as mesmas atividades, lêem os mesmos livros mas podemos afirmar, por isso, que recebem a mesma educação? Os ensinamentos que lhes são transmitidos estão dizendo o mesmo às meninas e aos meninos?

A imagem da mulher e do homem que se passa aos alunos por meio dos conteúdos do ensino contribui intensamente para formar seu eu social, seus padrões diferenciais de comportamento, o modelo com o qual devem identificar-se para ser “mais mulher” ou “mais homem” e, informá-los, por sua vez, da diferente valoração que nossa sociedade atribui aos indivíduos de cada sexo.

O Primeiro Uso Escolar da Linguagem ou como Aprender a Expressar-se no Masculino

A maioria dos elementos que em nossa sociedade refletem o androcentrismo cultural ao qual estamos submetidos passa-nos despercebida pela simples razão de que temos sempre visto dessa maneira, e isso faz com que nos pareça ser o “natural” e por isso passamos a considerá-lo como universal e eterno, isto é, ele não nos surpreende, nem o vemos como modificável. A surpresa surge, por outro lado, quando descobrimos que nem sempre foi assim nem o é em todos os lugares, quando rompemos o mito da universalidade — eternidade de um comportamento. As pessoas precisam ter elementos de contraste para inteirar-se das coisas.

Algo deste tipo ocorre com a linguagem. Desde que aprendemos a falar, aprendemos também que existem duas formas de dirigir-se ou de referir-se às pessoas segundo o sexo a que pertencem.

Essas formas — que não se apresentam, como vimos, em todas as línguas do mundo — são muito claras e específicas em nosso idioma sempre que nos dirigimos a uma pessoa isoladamente. Existe uma palavra para denominar um indivíduo do sexo feminino e outra para o do sexo masculino, e esta diferenciação concerne tanto aos seres humanos como aos animais. A balança da eqüidade lingüística desequilibra-se assombrosamente no momento em que, por razões de economia, é preciso utilizar uma forma comum para referir-se a indivíduos de ambos os sexos. A menina pequena vê, então, dissipar-se no espelho da linguagem a imagem recém-adquirida de sua identidade sexolingüística, que deve disfarçar sob alguns nomes, os quais não lhe dizem respeito. E é na escola que, em função do número, a individualidade se perde dentro do grupo de alunos, onde se reforçará até a exaustão a idéia de que o idioma não lhe pertence.

Primeiro aprenderá que se dirigem a ela chamando-a de "menina"; portanto, se ouve frases como "Os meninos que terminaram podem ir para o recreio", permanecerá sentada em sua carteira contemplando impacientemente a tarefa concluída, à espera de que uma frase no feminino lhe abra as portas do esperado recreio. Mas essas frases não costumam chegar. É mais provável que a professora diga, ao advertir a menina que terminou: "Fulana, eu disse que os meninos que já terminaram...", e ela continue não se sentindo referida. Então a professora lhe explicará que, quando diz "meninos", está-se referindo também às meninas. Porém, se a menina incorre no erro de acreditar que a palavra "menino" diz respeito igualmente aos dois sexos, logo verá frustradas suas ilusões igualitárias. O riso de seus companheiros diante de sua mão levantada pode fazê-la compreender, bruscamente, que teria sido melhor não se considerar mencionada em frases do tipo: "Levantem as mãos os meninos que querem fazer parte do time de futebol". Em casos como este, a professora costuma intervir, recordando: "Eu disse *os meninos*", diante do que a menina, estupefata, pensará: "Mas ela não disse os meninos?" (referindo-se à afirmativa anterior da professora de que quando diz "meninos" se refere também às "meninas").

A menina deve aprender sua identidade sexolingüística para imediatamente renunciar a ela. Permanecerá durante toda sua vida diante de uma ambigüidade de expressão com a qual acabará acostumando-se, com o sentimento de que ocupa um lugar provisório no idioma, lugar que deverá ceder imediatamente quando aparecer no horizonte do discurso um indivíduo do sexo masculino, seja qual for a espécie a que ele pertença.

Também aprenderá rapidamente que há algumas normas de ordem no uso da linguagem que expressam a hierarquia, a importância e a deferência que concedemos às pessoas com ou de quem falamos. Assim, por exemplo, expressões como "Filho e pai são advogados" ou "Eu e você somos amigas" chamam a atenção porque infringem as normas de cortesia da linguagem, que requerem colocar em primeiro lugar a pessoa que ocupa posição mais alta na hierarquia e colocar-se, modestamente, em último lugar.

As meninas, mais precoces no uso da linguagem que os meninos, descobrem antes deles que, quando os adultos se referem a um grupo infantil que inclui indivíduos de ambos os sexos, o fazem quase sempre usando unicamente a forma masculina, em nenhum caso somente a feminina e muito poucas vezes as duas. Quando esta última forma ocorre, invariavelmente a masculina ocupa o primeiro lugar na frase. A professora dirá: "Os meninos e as meninas que vão à excursão...", "Venham até aqui um menino e uma menina", e nunca se equivocará com relação à ordem.

Mas não só a linguagem oral refletirá a discriminação sexista na escola. A palavra impressa, à qual tanta importância se concede desde as primeiras séries em que se aprende a ler, se encarregará de reforçar visualmente o modelo lingüístico androcêntrico. Os livros de linguagem das primeiras séries do Ensino Fundamental parecem um tratado de androcentrismo para estudantes indefesos. Palavra e desenho combinam-se perfeitamente para compor uma sonata audiovisual com a ladainha de sempre. Evidentemente, nem uma só vez cometem o deslize de escrever o feminino em primeiro lugar. Esta ordem é sistemática em frases como "Luís e Josefa comem pão", "Carlos e Maria irão passear", destinadas à aprendizagem da leitura, tantas vezes repetida que meninas e meninos acabam por decorá-las. Mas não vão ler só isso. São habituais frases como as seguintes, extraídas, assim como as anteriores, das páginas de livros de texto do Ensino Fundamental:

> "Minha mãe faz a comida." (Desenho de mulher preparando solicitamente a comida.)
>
> "Minha irmã põe todos os dias as toalhas na mesa."
>
> "O urso lê e a ursa limpa." (Desenho idealizado dos personagens mencionados, ele lendo o jornal e ela limpando suas patas dianteiras.)*

Não se pode dizer que em frases como essas, que são freqüentes, os autores dos livros venham com muitas sutilezas, nem que façam alarde no momento de colocar seu grão de areia na construção do modelo sexista.

---

* Assim como essas frases, que foram retiradas de livros didáticos espanhóis, em vários outros momentos ao longo da obra a autora se referirá a informações ou citará exemplos e situações relacionados à realidade espanhola. De qualquer forma, vale notar que são informações e situações que refletem a realidade vivida em todos os lugares em relação ao sexismo, em maior ou menor grau.

CID

"Minha mãe faz a comida."
Frases como essa, comuns nas páginas dos livros do Ensino Fundamental, refletem o modelo sexista vigente.

Mas os padrões são os padrões, e não se pode correr o risco de incitar jovens leitoras e leitores a imaginar que o mundo pode ser de outro modo, diferente do que é. Para salvaguardar esta ordem, podemos continuar lendo frases como "A mãe espera em casa; o pai está viajando", porque assim ficará bem claro que, quando o pai está viajando, o melhor que uma mãe que se preza pode fazer é esperar tranqüilamente em sua casa e não andar perambulando por aí, trabalhando em um escritório infestado de perigos lascivos (quem sabe o que se oculta atrás de um computador?) ou entregando-se ao pernicioso vício da leitura ou da escrita, já que esta tarefa será realizada pelo pai que aparece no livro, aquele que viaja, aquele que às vezes metamorfoseia-se em urso, para que fique claro que o importante é o sexo e não a espécie à qual se pertence. E quando ele acabar de viajar, de ler e de realizar outras atividades próprias de sua condição masculina, vamos contemplar novamente sua imagem estampada no livro com uma frase que diz: "O senhor escreve livros", enquanto as linhas seguintes irão nos mostrar do que se ocupa, entre tantos ócios, a querida esposa: "A senhora trabalha", e o desenho seguinte irá nos mostrar, para que não nos inquietemos, que se trata de um trabalho próprio de seu sexo.

Essas ilustrações são bastante significativas, sobretudo para meninas e meninos pouco hábeis na arte de ler. Diferentes estudos realizados em psicologia infantil mostram como, ao iniciar-se na aprendizagem da leitura, as meninas pequenas — e também os meninos — interpretam o significado das palavras escritas a partir do desenho que costuma acompanhá-las nos livros de leitura, mudando e deformando a interpretação do texto para adequá-lo à imagem que o ilustra.

Nas idades mais tenras, a interpretação do desenho prevalece sobre a leitura da palavra escrita, já que esta ainda oferece consideráveis dificuldades aos jovens leitores.

O valor e a preponderância da imagem é bem aproveitada pelo sexismo visceral e, queremos supor, inconsciente de autoras(es), editoras(es) de livros infantis de linguagem. Basta pegar qualquer livro, aleatoriamente, e dar uma rápida olhada em suas páginas para que imediatamente saltem aos olhos da leitora ou do leitor minimamente sensibilizados a quantidade, a natureza e o caráter das imagens que as ilustram. Na imensa e esmagadora maioria das imagens em que aparecem personagens, estes são do sexo masculino. Uma insignificante porcentagem das ilustrações representa indivíduos do sexo feminino (meninas, mulheres adultas, animais humanizados, etc.), os quais estão ocupados ou expressam atitudes que se atribuem à mulher. Assim, em um dos livros que analisamos, adverte-se que os desenhos que o jovem leitor vai observar expressam sentimentos de amor, amizade e medo. A cada sentimento corresponde um desenho que ilustra a palavra escrita. O amor vem ilustrado por uma mulher que tem um bebê em seus braços, já que, evidentemente, quando um homem carrega um bebê, nunca sente amor pela infeliz criança e se por acaso, contra a natureza, o sinta, é melhor que isso não apareça com freqüência nos livros de texto infantis. O sentimento de amizade é ilustrado pela imagem de dois meninos de mãos dadas, enquanto o medo — como não! — é ilustrado por um personagem feminino na atitude estereotipada de subir em uma cadeira com expressão amedrontada na presença de um insignificante rato. Uma vez que não é muito comum encontrar um rato em casa — entre outras coisas, porque esses roedores costumam aparecer quando os humanos estão dormindo —, se por acaso isso algum dia chegar a ocorrer, a menina, na falta de modelos de atuação, já saberá o que deve fazer nestes casos e assim poderá continuar alimentando este padrão de conduta.

A maioria das imagens de personagens representam, no entanto, homens realizando diversas ações: jogando, correndo, estudando, comendo ou exercendo profissões como médicos, arquitetos, astronautas, etc., consideradas freqüentemente como masculinas, enquanto naquelas poucas em que aparecem meninas e mulheres, estas estão costurando, lavando, cozinhando ou realizando atividades "próprias de seu sexo", para que tudo permaneça em ordem.

Vemos como os livros de linguagem não ensinam só a ler, assim como não é o domínio do idioma a única coisa que cultivam, mas sim todo um código de símbolos sociais que comportam uma ideologia sexista, não-explícita, mas incrivelmente mais eficaz do que se fosse expressa em forma de decálogo. Meninas e meninos tendem de maneira irresistível a seguir os modelos propostos, principalmente quando lhes são oferecidos como inquestionáveis e tão evidentes que nem sequer necessitam ser formulados.

A linguagem e a forma como se ensina não são, pois, imparciais, mas estão impregnadas de ideologia androcêntrica e contribuem ativamente para a formação dos padrões inconsistentes de conduta nas meninas e nos meninos, padrões que vão continuar atuando ao longo de toda a vida e vão nos aparecer como imodificáveis, graças, precisamente, à sua aquisição precoce.

Os modelos lingüísticos são genericamente ambíguos para a mulher e claros e categóricos para o homem. Este só tem que aplicar a regra de ouro: sempre e em todos os casos usa-se o masculino. A mulher, ao contrário, permanecerá continuamente diante da dúvida sobre se deve renunciar à sua identidade sexolingüística ou seguir as regras estabelecidas pelas academias de letras e aceitas por todos. Por esta razão, o mais freqüente é que os textos escritos por mulheres se expressem no masculino, uma vez que nos é mais fácil renunciar à nossa identidade sexolingüística do que a aproximarmos dos demais, sobretudo quando desde os remotos tempos de nossa aprendizagem da língua escrita nos vêm mostrando de mil maneiras que é assim que deve ser e que é bom que assim seja.

As Ciências Sociais

O herói e outros mitos

Ler um livro de textos de história do Ensino Fundamental ou do Ensino Médio do começo ao fim é ver desfilar diante de nossos olhos o maior batalhão de guerras, heróis e mitos que se pode reunir em um só volume. De maneira explícita, algumas vezes, e de outras mais veladamente, estão ali presentes todos os mitos e idéias machistas: valorização da força, da violência, da "virilidade", do heroísmo, da ordem hierárquica, das condutas que levam antes ao suicídio do que à rendição, da capacidade de submeter os outros pela força, da perícia em destruir e em matar. A mensagem subliminar que se transmite é a de que o melhor é o mais forte e o que importa é ganhar, seja à custa do que for, ainda que seja da própria vida. Isso é dito de inúmeras maneiras. Por exemplo, um livro de 7ª série do Ensino Fundamental qualifica de "triunfo ressoante" uma batalha na qual se assegura que "as perdas foram numerosas, uns 30.000 feridos e mortos de cada lado"; o que não esclarece é se o triunfo consistiu em matar ou ferir 30.000 pessoas do outro lado, em conseguir 30.000 heróis ou mártires no próprio lado ou ambas as coisas ao mesmo tempo. Porque o acúmulo sadomasoquista de defuntos é algo muito valorizado pelos textos de história.

Vejamos o que nos diz outro livro do Ensino Fundamental:

> Aníbal era um jovem general cartaginês que decidiu terminar com o poderio de Roma. Sitiou e tomou a cidade de Sagunto, aliada dos romanos, onde os espanhóis *se encheram de glória*[2] ao preferir queimar-se nas fogueiras a render-se.

E, duas páginas adiante, segue exaltando o holocausto coletivo: "Os numantinos decidiram incendiar a cidade e, *assim, morrer com honra*[3], como fizera antes Sagunto".

O termo "honra" não está definido em nenhum dos textos analisados e, portanto, quem os lê fica sem saber exatamente em que consiste. Pode intuir, entretanto, que deve tratar-se de algo muito importante, a julgar pelos contextos em que é empregado e pela grandiloqüência que permeia seu uso. Não se terá dúvida alguma do muito que se valoriza o fato de se aceitar a morte voluntariamente.

Em outro lugar lemos, sob a epígrafe "O que a Espanha deu a Roma": "A Espanha, em troca de tudo o que recebeu, deu a Roma homens ilustres, mártires e bispos que engrandeceram nossa pátria com seu exemplo"*.

2 e 3 O grifo é meu.

Batalhas vitoriosas, condutas heróicas, honra, martírio... Termos como esses, com fortes conotações ideológicas, são muito valorizados nos livros do Ensino Fundamental e do Ensino Médio, refletindo todos os mitos e idéias machistas.

Batalha de Fontenoy, de H.Vernot.

PALÁCIO DE VERSAILLES, FRANÇA

Não vou me pôr a discutir sobre a honra que revestiu os mártires, a qual sem dúvida foi enorme, mas o que me parece um tanto exagerado é pretender fazer-nos acreditar que com a diminuição demográfica inerente a todo martírio e a todo celibato episcopal se conseguiria tornar mais populoso nosso país. Provavelmente este objetivo foi conseguido mais eficazmente pelas mulheres, que, por sua condição natural, costumavam preferir fazer amor a fazer guerra, ainda que delas não nos falem esses livros de texto.

Paralelamente a esta exaltação do holocausto individual ou coletivo, graças ao qual se consegue a gloriosa condição de herói ou mártir, a maioria dos livros de texto mal dissimulam sua admiração pela distinta figura do matador não de touros, mas de pessoas, a quem exalta com frases como esta: "Seus excepcionais dotes de militar lhe deram prestígio internacional", ou se refere a "excelentes generais que comandam exércitos organizados" ou fala de alguém a quem "suas inovações militares e seu gênio lhe proporcionaram vitórias constantes".

Essa exaltação das virtudes bélicas contrasta com a imagem que se passa de certo rei do qual se diz: "Foi um monarca pacifista. Um homem bondoso, mas sem energia". O "gênio", os "dotes excepcionais" e o "prestígio internacional" ficam assim contrapostos ao pacifismo, que passa a ser sinônimo de falta de energia, isto é, de fragilidade. Para não cair nesses vícios afeminados é preciso ser, pois, belicoso, agressivo e vencedor ou mártir.

Esses livros falam, como vemos, de batalhas vitoriosas, de condutas heróicas, de honra, de martírio, termos com fortes conotações ideológicas, em lugar de descrever desapaixonadamente a conduta primitiva e pouco evoluída de alguns indivíduos que recorriam à destruição mútua por incapacidade de resolver seus problemas de uma maneira mais inteligente. Essa incapacidade, em lugar de ser ressaltada e posta em evidência, é disfarçada com termos como "valor" e "heroísmo", que têm a virtude de converter a estupidez em conduta desejável.

A historiografia machista não se limita a ignorar a mulher — assunto do qual falaremos mais à frente. Não é somente pelo que omite que é preciso criticá-la, mas também pelo que transmite.

A história escrita pelos homens, ou por mulheres que seguem os padrões por eles estabelecidos, é uma história que se centra na investigação e no estudo daqueles aspectos que eles consideram mais importantes e negligencia os restantes. Isto posto, toda escolha se faz em função de alguns critérios prévios que supõem uma tomada de partido. Nesse caso, os critérios de escolha indicam uma determinada concepção do mundo, da sociedade e das relações entre seus componentes que se fixam na valorização da força, da competição, e no desejo de domínio; isso explica porque essa história se concentra principalmente nos que dominam e possuem o poder e nos narre até a exaustão a maneira como uns vão eliminando os outros de forma extremamente não-original.

É verdade que guerras, intrigas e crimes marcam nossa história, mas não é menos verdade que, se nossos antepassados tivessem se limitado a essas atividades, não estaríamos aqui para ler sua narrativa. Por que se priorizam tanto essas atividades? Por que se considera mais importante a vida e obra de personagens ilustres (isto é, aqueles que a historiografia destaca), que constituem uma porcentagem muito pequena dos seres que habitaram antes de nós o planeta? É claro que os documentos históricos de mais fácil acesso relatam mais constantemente as façanhas desses personagens; é claro que suas decisões e suas ações influenciaram intensamente na vida dos povos, mas é claro também que eles, sozinhos, não teriam conseguido absolutamente nada. Não são os documentos históricos que determinam o enfoque historiográfico, mas a mentalidade de quem os interpreta. A narração histórica não é imparcial, como também não o é a narração de um fato observado na atualidade, mas refletem o ponto de vista de quem o narra. A interpretação dos vestígios pré-históricos é um bom exemplo disso. Nas escavações, aparecem pontas de flecha e machados, mas também restos de cerâmica e indícios de utilização do fogo. O historiador androcêntrico projeta sua própria idéia ao dar-lhes um significado. Fala-nos da invenção das armas pelo homem e atribui também a ele o descobrimento do fogo, da agricultura, da cerâmica, do idioma, descobrimentos que as teorias mais avançadas em história atribuem à mulher e que a lógica mais elementar nos leva a imaginar. De fato, se é certo que a principal atividade do homem era a caça, que o fazia permanecer longo tempo fora do povoado, enquanto a mulher coletava frutos — o que lhe dava um conhecimento sobre a vida vegetal —, preparava a comida — para o que necessitou do fogo e da cerâmica —, cuidava dos filhos, com os quais, desde o nascimento, encontrava um sistema para se comunicar e a quem, logo depois, ensina uma forma sonora de fazê-lo — ainda hoje falamos de "língua materna" —, torna-se impensável que o homem, enquanto percorria grandes extensões de terra ocupado na busca da caça, tivesse as circunstâncias adequadas e a disponibilidade necessária para realizar esses inventos, os ensinasse à mulher em seus rápidos encontros e renunciasse a eles para continuar caçando. Tais fatos não são provados, certamente, como também não o são a maioria dos que constituem a pré-história, mas deles existem claros indícios por meio da mitologia, do estudo das sociedades primitivas atuais, etc. Não se necessita de prova alguma, entretanto, para atribuir ao homem qualquer descobrimento de origem ignorada. Sempre se supõe que o homem tenha sido o autor de qualquer invenção, a menos que o contrário esteja largamente comprovado.

A historiografia elitista é também sexista não só porque ignora a existência da mulher, mas porque está construída com uma ótica androcêntrica e narrada deixando transparecer esta mesma ideologia, seus valores supremos e sua interpretação parcial e tendenciosa, sua exaltação da força, do poder e da agressividade.

A mulher não tem história

A história que nos contam os livros de texto é, como temos visto, uma história tendenciosa, carregada de ideologia. O fim a que se destina — sem que seus autores e autoras tenham necessariamente consciência disso — é inculcar nas alunas e nos alunos uma determinada forma de ver o presente por meio de uma particular maneira de interpretar o passado, em uma desesperada tentativa de fazê-lo sobreviver, de preservar seus valores ultrapassados, de continuar mantendo sistemas e modelos de conduta totalmente inadequados ao momento atual. A história deve ser reescrita — e felizmente esta é uma tarefa que já está sendo realizada — sob uma ótica completamente diferente.

Os modelos de comportamento são transmitidos de geração a geração por meio da imitação de condutas e atitudes que são conhecidas por todos e compartilhadas por quase todos.

CID

Mas a história androcêntrica, a História que se ensina nas classes de Ensino Fundamental e Médio, é uma história sem mulheres, é uma história exclusivamente masculina. O que não deve surpreender-nos, já que alguns autores nos advertem sobre isso desde o princípio — e "quem avisa amigo é" —, quando começam definindo o que entendem por história. Assim, por exemplo, um deles nos diz: "A História é a ciência que estuda os *fatos importantes* que *o homem*[4] tem realizado desde seu surgimento sobre a Terra, tratando de explicar a evolução que se seguiu".

Quem e em função de que decide quais fatos são importantes e quais não são? Os fatos cujo protagonista é a mulher são considerados importantes, ainda que não tenham nenhuma semelhança com os "importantes" masculinos? Sob uma ótica androcêntrica, só serão consideradas importantes as façanhas femininas que, como as protagonizadas por Joana d'Arc ou pela brasileira Anita Garibaldi, se assemelham àquelas em que se exaltam os homens.

Porém, há mais. Temos fortes razões para suspeitar que o autor da definição citada, quando fala de "homem", não o está fazendo no sentido amplo do termo, ou seja, como espécie humana, mas usa a palavra como sinônimo de macho. Esta ambigüidade interpretativa da palavra "homem" facilita muito as coisas para os autores e autoras de livros de texto androcêntricos, já que assim eles podem difundir impunemente toda a sua ideologia nas páginas do livro, salvaguardando — ou acreditando salvaguardar — sua responsabilidade. De fato, sempre podem dizer que quan-

4. O grifo é meu.

do falam de "homem", de "colonizadores", de "espanhóis", etc., estão referindo-se, "naturalmente", às pessoas de ambos os sexos. Mas uma leitura minimamente atenta mostra-nos que não é assim, que a mulher está excluída da história que narram, que a mulher não tem história.

O autor Alvaro García Meseguer descreve um defeito lingüístico que denomina "salto semântico" e que consiste em iniciar um discurso referente a pessoas utilizando um termo de gênero gramatical masculino, em sentido amplo, incluindo mulheres e homens e, mais adiante, no mesmo contexto, utilizar expressões que põem em evidência o fato de que o autor se referia exclusivamente aos homens. "Este salto semântico" — diz García Meseguer — "constitui um dos mecanismos mais sutis de discriminação sexual, ao reforçar em nosso subconsciente a injusta e tradicional identificação entre os conceitos homem e pessoa." Um dos exemplos citados por este autor está, exatamente, relacionado com a história: "Os antigos egípcios habitavam no vale do Nilo. Suas mulheres costumavam...". O masculino "egípcios", na primeira frase, parece englobar os dois sexos, mas imediatamente nos damos conta de que não é assim. "O leitor" — prossegue García Meseguer —, "à primeira vista não observa nada de diferente. Fomenta-se, assim, em seu subconsciente o fenômeno de identificação da parte com o todo, do homem com a pessoa; como conseqüência, produz-se uma ocultação da mulher."

Os livros de texto de história são especialistas em saltos semânticos. Dominam-nos com perfeição. Vejamos alguns exemplos: "Assíria era um território montanhoso no alto vale do Tigre; seus habitantes, hábeis caçadores e guerreiros, constituíram um poderoso exército...".

Quando fala dos habitantes da Assíria, uma leitora acredita que ele refere-se a homens e mulheres, mas nas linhas seguintes se dá conta de que o texto admite três interpretações: ou os habitantes da Assíria eram todos do sexo masculino — e em algum lugar deveriam explicar-nos como faziam para se reproduzir; ou todos os habitantes — mulheres e homens — não faziam outra coisa a não ser caçar e guerrear; ou ainda o autor do texto priva a mulher de história e imagina e escreve uma história sem mulheres. Algo parecido ocorre no século X, em Castela: "Seus colonizadores são homens que desceram das montanhas vascas e cantábricas. Vivem da guerra e do pastoreio".

Este povo, além de ser unissexuado (composto de pastores e guerreiros), possuía uma estranha fonte de alimentação: a guerra. O que não se esclarece é se mastigavam o couro ou chupavam o ferro roubado de seus adversários. Mas quem vai preocupar-se com essas minúcias? O que fica claro, em todos os casos, é que identificam qualquer grupo humano de que falam com um grupo masculino e, não contentes com isso, identificam com grande freqüência um povo com seu exército: "Os mais importantes povos germanos, visigodos e ostrogodos, junto com os francos, venceram Átila perto de Orleans".

Ou ainda: "Os cartagineses conquistam a Península, de Gibraltar ao Ebro...".

Há centenas de exemplos desse tipo. Os povos germanos, visigodos, ostrogodos, cartagineses, etc., etc., tornam-se puros exércitos nesses livros. Se ao menos tivessem o trabalho de escrever "os exércitos germanos", "os exércitos romanos", etc., deixariam um resquício para que jovens leitoras e leitores pudessem supor que, além de soldados, os citados povos eram compostos também de pacíficos cidadãos(ãs), de meninas e meninos, etc. Ao contrário, fazem crer, de mil maneiras, que todo cidadão era obrigado a guerrear: "Passado o tempo, as cidades iam tornando-se independentes do poder do príncipe, do bispo ou do padre: ficavam isentas de muitos tributos, assim como do serviço militar".

Toda a cidade, antes dessa isenção, devia, segundo o texto, prestar o serviço militar, ao que parece sem distinção de idade, sexo ou condição social. Mas nem sempre belicosos soldados abarrotavam as cidades e as vilas. Havia também intervalos de paz, quando se aproveitava para falar da organização das cidades, da forma de vida, dos costumes, das leis e da cultura. Vejamos alguns exemplos: "A característica fundamental da cultura grega é o conceito da liberdade do homem".

Ao ler esta frase promissora, uma leitora pressente que, quando fala de "liberdade do homem", o texto refere-se à mulher e ao homem. A seguir começa a suspeitar de que não pode ser real tanta generosidade, quando lê: "Os cidadãos eram os donos das terras, e todos tinham os mesmos direitos, sem diferenças entre pobres e ricos".

Porém, nas linhas seguintes não resta a menor dúvida de que não só o gênero masculino usado no texto se refere exclusivamente aos homens, como também, além disso, exclui totalmente as mulheres, como se elas não existissem. Assim, podemos ler: "A democracia partia da base de que os cidadãos de

5. O grifo é meu.

Atenas deviam governar-se a si mesmos e, portanto, tinham *todos*[5] direito ao voto e a ser eleitos para os cargos do governo".

O texto não menciona em nenhum momento que as mulheres atenienses — assim como os escravos — não tinham direito de votar nem de participar em nenhum cargo do governo. A palavra "todos" refere-se, pois, exclusivamente àqueles indivíduos do sexo masculino que tinham a qualidade de cidadãos atenienses, com o que não fica a menor dúvida de que o livro em questão, cada vez que fala de "homem", está referindo-se a "macho" e nem sequer tem a preocupação de mencionar a mulher, nem que seja para dizer que não possuía nenhum dos direitos atribuídos a "todos" os atenienses. O descaso total em relação à mulher é, pois, a característica do texto, que se pretende educativo.

O mesmo descaso leva-o, algumas páginas mais à frente, a valorizar positivamente uma instituição no seio da qual podia-se cometer o que hoje consideramos crimes, de maneira totalmente impune: "Roma chegou a dominar todo o Mediterrâneo" [...] "A sólida organização familiar e o sistema de governo republicano permitiram essas conquistas".

Parece, pois, julgar positivamente, ou ao menos não condenar, o sistema familiar romano, como foi dito linhas atrás: "O pai era o chefe supremo da família em todos os aspectos, era dono de todos os bens e possuía, inclusive, o direito de vida e morte sobre a esposa e os filhos"

A mulher é a grande ausente nos textos escolares de história. Sua ausência faz-se patente tanto nas descrições das façanhas bélicas como nos escassos momentos em que se fala da organização social. Tudo isso nos indica que a mulher foi intensamente desconsiderada ao longo da história e que os livros de texto continuam desconsiderando-na, em uma desesperada tentativa de deter o passar do tempo.

A Matemática e as Ciências Experimentais

Vimos como as ciências sociais, cujos conteúdos constituem o melhor veículo de transmissão de determinados valores e de uma ordem social particular, não poupam recursos para imbuir os jovens da concepção androcêntrica do mundo. A matemática e as ciências experimentais (física, química, biologia, geologia...) constituem um capítulo à parte. Estão presentes na educação do Ensino Fundamental à universidade e à sua aprendizagem se concede um grande valor, até o ponto em que, reprovar repetidamente nessas matérias — em especial em Matemática — é considerado por pais e professores como um sinal de alerta que pode levar a pôr em dúvida as capacidades intelectuais de quem foi reprovado.

Quando isso ocorre, as reações geradas são muito diferentes segundo o sexo ao qual pertence o reprovado. Se é um menino, por menos que a renda familiar o permita, será levado a uma consulta psicológica, submetido a reaprendizagem ou a aulas particulares. Sofrerá, além disso, fortes pressões familiares para que se esforce em superar suas dificuldades. Se é uma menina e pertence à classe média, pode receber um tratamento similar ao do menino — ainda que isto seja pouco freqüente — ou gozar da benevolência parental, que não dará excessiva importância a essas reprovações, já que à menina foi destinado seguir uma carreira de letras, casar-se ou ambas as coisas ao mesmo tempo. Se a família carece de recursos econômicos, a menina logo abandonará a escola para dedicar-se a um trabalho manual — por meio ou não de uma formação profissional — ou ainda se ocupará das tarefas da casa até se casar.

O rendimento intelectual que se espera das meninas é sempre inferior ao que se espera dos meninos, e isto tem sido assim há muitos séculos. As explicações que têm sido dadas são de todo tipo. Desde pretender uma inferioridade inata da mulher até assegurar que o pensar pode prejudicá-la, como é o caso, no século passado, das conclusões extraídas por Edward Clarke, o qual assegurava que as meninas não deviam ser pressionadas a estudar porque, se o seu cérebro fosse obrigado a trabalhar durante a puberdade, esgotar-se-ia o sangue necessário na menstruação.[6]

Não menos brilhantes eram os argumentos apresentados por Francis Galton, que, no começo do século, iniciou uma série de estudos comparativos sobre as diferenças intelectuais entre os dois sexos. Naturalmente, a conclusão a que chegou — como sempre acontece quando se aplica este tipo de medição a grupos considerados inferiores (negros, índios, etc.) — foi a de que, em termos gerais, as aptidões intelectuais femininas eram inferiores às masculinas. Um dos argumentos que utiliza para melhor convencer o leitor é o seguinte: "Se a capacidade das mulheres fosse superior à dos homens, os comerciantes teriam grande interesse em tê-las como em-

6. Citado por S. Shields em M. C. Hurtig, M. F. Pichevin, *La difference des sexes*, Tierce-Sciences, 1986.

pregadas, mas, dado que ocorre o contrário, temos o direito de pensar que a hipótese correta é a oposta".

Esta afirmação, por mais absurda e sem objetividade que seja, faz-nos pensar que Galton poderia ter evitado todas as medições e anunciado francamente e de início sua posição ideológica e profundamente androcêntrica. Se as posturas preconcebidas fizeram os cientistas do século XVII ver homúnculos preformados no interior dos espermatozóides, por que haveriam de impedir Galton de ver o que queria ver por meio de instrumentos menos precisos e "objetivos" que um microscópio?

É realmente surpreendente constatar, uma vez mais, as enormes defasagens existentes no pensamento dos cientistas. Como um personagem com o prestígio de Galton — pioneiro na aplicação da matemática à psicologia — podia produzir, ao mesmo tempo, idéias brilhantes e raciocínios tão pouco elaborados? Dado que na maioria das vezes agimos não levados por raciocínios próprios, mas por critérios de autoridade, essas idéias e outras semelhantes adquiriram caráter de lei indiscutível, que vinha reforçar, com um verniz de cientificidade, os preconceitos comumente aceitos.

A matemática é coisa de homens

Essas idéias continuam, entretanto, vigentes no momento atual, apesar de já terem sido realizados inúmeros estudos comparativos que tentavam comparar, variar e quantificar as diferenças intelectuais entre os sexos e averiguar se no campo da matemática os homens eram melhores que as mulheres, sendo praticamente inexistentes os trabalhos nos quais se tentava averiguar o contrário. Mas já falamos anteriormente dos preconceitos ideológicos dos cientistas e, naturalmente, nem os psicólogos nem as psicólogas carecem deles.

Curiosamente, e apesar de muitos estudos e das suposições que se têm empregado nessas investigações, não há nenhum trabalho que reúna as condições de rigor científico necessárias para fornecer conclusões suficientemente confiáveis, que permitam dar por concluída esta questão. Ao contrário, cada um deles nos proporciona dados diferentes e profundamente relacionados com as idéias prévias de seus autores e autoras, o que nos leva a desconfiar não de sua boa-fé — pois já sabemos que o inconsciente é "traiçoeiro" —, mas da objetividade dos resultados.

Não vou entrar na polêmica de se é ou não verdade que os homens têm maior facilidade para a matemática, uma vez que podem ser encontrados inúmeros estudos, realizados por homens, que assim o afirmam e uns poucos — casualmente realizados por mulheres — que, também por meio de dados experimentais, obtêm resultados contrários. Diante deste panorama, não é nada fácil chegar a uma conclusão, pois as próprias exigências do rigor científico impedem que se tome partido, gratuitamente, nesta questão. Por outro lado, tampouco me parece confiável utilizar testes ou provas matemáticas convencionais para avaliar as capacidades dos indivíduos neste campo, já que tais provas medem sempre a atualização das possibilidades e não as possibilidades em si mesmas, e esta atualização

7. Ver G. Sastre e M. Moreno, "Inteligencia, cultura y sociedad", *Anuario de Psicología de la Universidad de Barcelona*, nº 1, 1974.

depende em grande parte — como demonstramos em outro ponto[7] — dos estímulos do meio. No entanto, o que me parece de grande importância é saber qual é a opinião, a esse respeito, de quem vai estar em contato com os meninos e as meninas, avaliar suas capacidades matemáticas e reprová-los ou aprová-los, de acordo com seu parecer. Para conhecer essas opiniões, realizamos uma pesquisa[8] com 80 alunas e alunos do Curso de Magistério, na qual, utilizando um método indireto, averiguamos quais são suas idéias preconcebidas a respeito das capacidades matemáticas de meninas e meninos.

Escolhemos alunas e alunos de Magistério e não professoras(es) em exercício porque queríamos medir seus conceitos prévios antes que tivessem podido constatar, mediante o exercício profissional, algum resultado que lhes desse dados reais nos quais basear suas opiniões.

Na pesquisa que lhes foi aplicada, falava-se de um recente estudo realizado com 2.500 alunos de 6 a 14 anos (50% meninas e 50% meninos) para averiguar seus conhecimentos matemáticos, e assegurava-se que haviam sido encontradas diferenças significativas entre os dois sexos. Pedia-se aos entrevistados que indicassem, para cada um dos aspectos estudados, qual dos dois sexos tinha obtido melhores resultados.

O estudo em questão era totalmente fictício, e a única coisa que se pretendia era que os estudantes de Magistério de ambos os sexos emitissem suas previsões a respeito das capacidades matemáticas de meninas e meninos. E assim o fize-

8. Com a colaboração de Assunción López, Meritxell Joan e Elvira Fonoll.

CID

Professoras e professores, que vão avaliar as capacidades matemáticas de seus alunos, também têm idéias preconcebidas a respeito das capacidades matemáticas de meninas e meninos.

ram. A grande maioria considera que os meninos superam as meninas nas provas que requerem um raciocínio matemático abstrato, enquanto opinam que as meninas são um pouco superiores nas provas matemáticas de tipo concreto. Os entrevistados deixam-se guiar pelas idéias preestabelecidas até um limite insuspeitado, chegando inclusive a conclusões contraditórias e carentes de toda lógica. Assim, por exemplo, a maioria opina que as meninas são muito melhores que os meninos no momento de compreender o texto escrito dos problemas, mas, quando se trata de raciocinar logicamente sobre esse texto, os meninos, milagrosamente, conseguem raciocinar muito melhor sobre algo que não compreenderam[9]. Mas não acaba aqui o uso das idéias preestabelecidas. Praticamente a totalidade dos entrevistados assegura que as meninas serão muito superiores aos meninos na apresentação limpa, ordenada e clara dos resultados dos problemas de matemática, recebendo os meninos um tratamento injusto ao serem a eles atribuídas, gratuitamente, as características de descuidados e sujos em seu trabalho.

Como se pode ver, desde os tempos de Galton até nossos dias as coisas pouco mudaram. Não é nossa própria constatação dos fatos que nos leva a forjar para nós mesmos uma imagem da "realidade", e sim as idéias que nos transmitem aquelas pessoas às quais concedemos uma autoridade

9. Para o leitor(a) não acostumado(a) com estes temas, devo esclarecer que em Psicologia e Pedagogia diferencial existe a idéia comum de que as mulheres são melhores em tudo o que se relaciona com a linguagem, enquanto os homens são melhores em tudo o que diz respeito a raciocínio lógico-matemático. Nada disto está demonstrado de maneira conclusiva, o que não impede que eles sejam considerados semidogmas.

ou as idéias da maioria, que tem maior autoridade por ser maioria. É raro encontrar alguém que pense por si mesmo, com independência das opiniões alheias, porque ninguém nos ensinou a confiar em nossa própria razão, e sim na de sábios e profetas.

Se admitimos a influência que têm as expectativas dos professores nos resultados de seus alunos — e sabemos muito bem que o comportamento infantil é extremamente sensível ao que se espera dele[10] — não temos outra saída a não ser aceitar que os entrevistados, quando forem professores(as) e se nada remediar isto, se defrontarão nas aulas de Matemática com uma postura preconcebida que forçosamente terá influência sobre os resultados obtidos por meninas e meninos.

10. Um trabalho realizado por psicólogos nos Estados Unidos demonstrou que, depois de aplicar testes de inteligência a vários grupos de alunos e dar aos professores os resultados trocados (atribuir um nível elevado de inteligência aos que tinham um nível baixo), ao final de um determinado tempo, voltando a testar os alunos, os resultados haviam-se modificado, aproximando-se dos níveis de inteligência que os professores haviam atribuído a cada aluno.

2

O Código Secreto

QUANDO Arthur Koestler escrevia: "Jogamos os jogos da vida, obedecendo a livros de regras escritos com letra invisível ou com um código secreto", não ignorava, sem dúvida, que aprendemos a decifrar esse código secreto, que nunca foi traduzido, antes de decifrar a escrita alfabética.

Essas regras constituem um conjunto de decálogos que cumprem a importante missão de guiar inconscientemente nossas ações, indicando-nos como devemos atuar em praticamente cada ocasião, e permitir-nos interpretar as ações dos demais. Sua utilidade é, pois, indiscutível e representa um papel fundamental no que chamamos de "socialização". Mas, ao mesmo tempo que cumpre uma importante função econômica, ao evitar que tenhamos de estabelecer continuamente qual é a conduta adequada para cada situação, esse conjunto de decálogos supõe também muitas limitações e não poucos inconvenientes. Os mais importantes são os que derivam de seu caráter de inconscientes, o que os torna dificilmente analisáveis por nossa razão e perpetua formas de conduta não desejadas por nós e muitas vezes em clara contradição com nossas idéias conscientes. Essas normas de conduta são adquiridas freqüentemente por vias subliminares e em etapas de nossa infância em que não temos desenvolvido ainda nenhum mecanismo de crítica que permita colocá-las sob suspeita. Uma vez instaladas, tornam-se de difícil modificação, precisamente porque ignoramos sua existência e porque esquecemos completamente a forma pela qual as adquirimos.

A escola, por seu caráter de instituição normativa, contribui de maneira sistemática para o desenvolvimento desses padrões de organização da conduta e das atividades, de forma praticamente permanente.

Temos visto como isto acontece por meio dos conteúdos do ensino, inclusive naquelas matérias aparentemente menos favoráveis à veiculação ideológica. Mas sua ação, neste sentido, não se limita a isso. Em um trabalho de observação sistemática dentro das classes, em que se analisam as atitudes de professoras e professores de escola primária diante de alunos de ambos os sexos, Marina Subirats[11] põe em evidência o fato de que existe, por parte desses profissionais da educação, uma atitude de negação de tudo aquilo que é especificamente feminino, considerado menos valioso do que o que é masculino. Com a boa intenção de oferecer o melhor para seus alunos, as professoras e os professores mais experientes, para evitar discriminações, apresentam um modelo único para alunos e alunas, que é o mais valorizado socialmente, ou seja, o masculino, eliminando radicalmente, ao fazer isto, o modelo feminino. Não tratam de criar um modelo novo que integre o positivo de cada um e recuse o negativo, mas tomam o masculino como o melhor e ignoram a existência do feminino. Como disse M. Subirats:

---

11. Marina Subirats, "Nens i nenes a l'escola: una exploración dels codis de gènere actuals", *Perspectiva Escolar*, out. 1985.

> A igualdade não surge por integração das características de ambos os gêneros, e sim pela negação de um deles. [...] Não há coeducação, mas assimilação da menina à educação considerada modelo, a do menino. Isto não ocorre dessa maneira porque se desconhece a existência de algumas formas de comportamento típicas do gênero feminino, mas porque elas são consideradas inferiores, desvalorizadas e, portanto, trata-se de corrigir e apagar sua expressão[12].

Habituados como estamos à existência de modelos opostos e às vezes complementares, que constituem, para cada um de nós, a ótica por meio da qual julgamos, organizamos e interpretamos tudo aquilo que concerne às diferenças de gênero entre as pessoas, qualquer tentativa de mudança corre o risco de ser interpretada como uma permutação ou como uma redução dos papéis, ou seja, uma simples inversão das etiquetas de um sexo ao outro, atribuindo-se ao homem o que até agora correspondia à mulher e vice-versa, ou ainda excluir um dos modelos e aplicar o outro a todos os indivíduos igualmente, eliminando deste modo uma grande parte da riqueza e da variedade de formas de conduta de que dispõe o ser humano.

Uma proposta equilibrada seria, a meu ver, apresentar não um modelo único, e sim uma variedade de submodelos ou esquemas comportamentais entre os quais cada pessoa pudesse livremente escolher para conformar sua personalidade, sem que o fato de aderir a um implicasse a adesão a outros e sem estar submetido aos preconceitos de gênero tão limitadores para um como para o outro sexo.

12. Op. cit., p. 5.

CID

Co-educar não é pôr em uma mesma classe indivíduos de ambos os sexos nem unificar, eliminando as diferenças mediante a apresentação de um modelo único. Não é uniformizar as mentes de meninas e meninos. É ensinar a respeitar o diferente e a desfrutar da riqueza que a variedade oferece.

3

A Outra Face Possível da Educação

AINDA que com movimentos lentos e preguiçosos, a tartaruga social se movimenta; porém, por mais cansativa que seja sua marcha, as instituições seguem-na, sempre, alguns passos mais atrás. Quanto maior é a distância que as separa, mais inoperantes se tornam e maior é o desprestígio que acumulam. A escola corre, no momento atual, este risco; entretanto, por mais que Zenon se oponha, Aquiles pode alcançar a tartaruga e pode, também, ultrapassá-la.

A imagem da mulher como solitária dona de casa, sempre cuidando dos filhos, única consumidora de produtos de limpeza, começa a ser substituída (inclusive nos anúncios televisivos) pela do casal moderno que compartilha as tarefas domésticas e cuida dos filhos, pela da mulher independente que organiza o trabalho e decide o que tem a fazer (isto é, enquanto tentam vender-nos uma lavadora de louça ou um par de meias). Mas essas imagens eram totalmente inéditas até há poucos anos; tem sido as reivindicações das mulheres e os movimentos feministas que as têm feito aparecer.

O número de meninas que cursam o Ensino Médio na atualidade é semelhante ao de meninos, e o número das inscritas nas diferentes faculdades e cursos universitários aproxima-se dos 50%. Nas escolas técnicas superiores, entretanto, o número de garotas inscritas é, ainda, muito inferior ao de rapazes.

Enquanto a porcentagem de alunas matriculadas nas faculdades de matemática da Espanha alcança os 47%, os novos professores e professoras se preparam acreditando na incapacidade matemática da mulher e, enquanto as faculdades de medicina, biologia, química, farmácia, etc. completam seu quadro de maneira equilibrada, com alunos de ambos os sexos, os livros escolares continuam mostrando as mulheres em tarefas domésticas ou profissões secundárias e reservando as profissões liberais para os homens, dando assim uma imagem muito mais retrógrada do que a sociedade espanhola é atualmente.

Ainda que tenhamos muitos motivos para continuar falando de discriminação da mulher, é preciso reconhecer que algumas coisas têm sido conseguidas, mas nem mesmo esses avanços têm seu eco na instituição escolar. Tolhida por planos e programas, responsável por uniformes, organizadora de filas, a escola arrasta consigo nosso passado. Segue mostrando imagens ultrapassadas e exaltando batalhas e defuntos, enquanto os jornais relatam o capítulo seguinte dos objetivos nucleares e na rua os meninos preferem a cadeia aos fuzis.

Mas a escola pode e deve dar o salto. Sabemos que pode, porque existem experiências minoritárias, realizadas por mulheres, que assim o demonstram, e dizemos que deve porque educar é trabalhar para o futuro, e não se pode fazer isto sem renunciar a alguns aspectos do passado.

Libertar os Modelos

É freqüente encontrar professoras e professores sinceramente convencidos de que erradicaram o sexismo de suas aulas porque "tratam igualmente" as meninas e os meninos. Procuram não fazer nenhuma diferença entre seus alunos e respeitam suas atuações espontâneas, sua liberdade, sua maneira de ser e de pensar. Se não nos aprofundamos mais, esta postura pode parecer muito eqüitativa e justa. Mas vejamos se realmente o é e se conduz à erradicação do sexismo.

Transportemos o problema para outro campo, menos impregnado de preconceitos. Imaginemos por um momento que esses professores e professoras mantiveram essa mesma atitude no terreno intelectual. Que, guiados por um não-intervencionismo puro, decidiram não influenciar na maneira de pensar de seus alunos e alunas em Matemática, em Física, em Língua e nas demais disciplinas escolares. Que concordaram, por exemplo, em respeitar a idéia de que a Terra é plana, de que se obtém a velocidade multiplicando o tempo pelo espaço ou de que Atenas é a capital da Turquia e, ao fazer isto, pretenderam ter erradicado a ignorância de seus alunos e alunas.

Esta postura, tanto em um caso como no outro, só seria correta se a ciência fosse limitada e o caráter dos indivíduos, preformado desde o nascimento, não sofresse nenhuma modificação por influências externas, isto é, se a escola fosse total e absolutamente desnecessária.

Mas meninas e meninos chegam à escola marcados por uma série de elementos externos que os levam a criar para si mesmos uma imagem particular do mundo, influenciados pela sociedade androcêntrica que os rodeia. A escola não pode, de maneira nenhuma, deixar que meninas e meninos fiquem, em relação ao funcionamento de sua sociedade, com algumas idéias tão pouco evoluídas, como tampouco deixará que interpretem os fenômenos da mecânica de acordo com a teoria do "impetus", por mais que esta seja a forma de pensar da imensa maioria dos adultos de sua sociedade[13].

Não intervir equivale a apoiar o modelo existente. Se acreditamos que deixando que meninas e meninos façam "o que querem" estamos deixando-os em liberdade, equivocamo-nos, porque tenderão a reproduzir os esquemas e modelos de seu meio, ou seja, estarão à mercê do ambiente. A liberdade não nos é dada gratuitamente; é preciso aprender a construí-la e, para isso, é necessário dispor de muitas possibilidades e saber escolher entre todas elas. Se existe somente um modelo, só temos duas possibilidades: aceitá-lo ou recusá-lo; se os modelos aumentam em número, aumentará proporcionalmente nosso grau de liberdade.

A escola pode contribuir para este trabalho, analisando conjuntamente com as alunas e os alunos os papéis que a sociedade atribui a cada sexo (estudando os modelos que a televisão e as histórias em quadrinhos apresentam, realizando pesquisas, etc.) e ajudando-os a descobrir o que de bom e de mau tem cada um, mas, sobretudo, a limitação imposta a cada pessoa ao ter que se submeter aos estereótipos que a sociedade, gratuitamente, impõe a seu gênero. Esta análise levará a descobrir a existência de inúmeros esquemas de conduta atribuídos a cada sexo, que não têm relação com ca-

13. A teoria medieval do "impetus", defendida por Buridan, caiu totalmente em desuso depois do século XVIII, com a formulação da mecânica newtoniana. No entanto, a grande maioria dos adultos de nossa sociedade continua dando explicações elaboradas espontaneamente e que se apóiam na noção de impulso.

pacidades inatas nem formas espontâneas de comportamento, e sim com a reprodução dos modelos existentes. A sensibilidade, a ternura, a atenção às relações interpessoais não têm por que ser patrimônio exclusivamente feminino. Também os meninos e os adolescentes têm direito a expressar seus sentimentos, a não ter que reprimi-los continuamente para que não se ponha em dúvida sua virilidade. À medida que o leque possível de condutas aumenta, a personalidade de cada um se enriquece com novas contribuições, e se aprenderá com isso que há muitas formas de ser mulher, assim como há muitas formas de ser homem.

Novos Olhos para Ensinar

Se a escola continua usando livros sexistas, dificilmente poderá erradicar o sexismo dentro dela.

Convém promover a publicação de livros não-androcêntricos, incentivando as mulheres a que os escrevam, e pressionar para que se exerça um controle eficaz dos traços sexistas nos livros de texto. Da mesma forma que não se concede permissão para a publicação de um livro de texto que contenha erros de ortografia, que sustente idéias anticonstitucionais ou que constitua uma ofensa para grupos ou pessoas, não devem ser tolerados textos que discriminem implícita ou explicitamente a mulher, nem livros de história que a ignorem, já que este fato produz nas meninas um sentimento coletivo de inferioridade que as situa em considerável desvantagem diante do homem e as aproxima da idéia de que as ações das mulheres têm tão pouco valor, que não podem influenciar no desenvolvimento da história.

A sensibilidade, a ternura, a atenção às relações interpessoais não têm por que ser patrimônio exclusivamente feminino.

Sentada diante das lâminas de anatomia reproduzidas em um livro de Ciências, depois de contemplar várias gravuras nas quais apareciam unicamente corpos masculinos, uma menina de 6 anos perguntou a sua mãe: "Mamãe, as mulheres também têm músculos?". Nada nos desenhos fazia supor que existissem músculos femininos, e a leitura do texto tampouco dava alguma informação a esse respeito. A irmã da menina, dois anos mais velha do que ela, apressou-se em responder: "Claro que têm, as mulheres têm alguns músculos, mas não tantos como os homens".

Os livros de texto são o reflexo de uma escola pensada exclusivamente para meninos, à qual pouco a pouco foram se incorporando as meninas, sem que ela sofresse modificação. É uma escola para cíclopes, feita por cíclopes. Já não está na hora de os enterrarmos junto com a mitologia? O homem e a mulher de hoje necessitam de perspectivas amplas, de múltiplos pontos de vista; não podem ver-se limitados a uma só visão do mundo.

Co-educar não é pôr em uma mesma classe indivíduos de ambos os sexos, nem tampouco é unificar, eliminando as diferenças mediante a apresentação de um único modelo. Não é uniformizar as mentes de meninas e meninos; ao contrário, é ensinar a respeitar o diferente e a desfrutar da riqueza que a variedade oferece.

Conseguir uma educação não-sexista é um problema que ultrapassa os limites da escola, já que concerne também à família e à sociedade inteira, mas, por meio da escola, pode-se realizar um importante trabalho de transformação. O primeiro passo a ser dado é a conscientização do corpo docente a respeito da importância deste tema, com a realização de seminários, sessões de discussão e propostas de atividades. Em seguida, deve propiciar análises com as alunas e os alunos nas aulas, por meio de trabalhos realizados por eles, nos quais serão observados a imagem e o papel diferencial de homens e mulheres em nossa sociedade, por meio de pesquisas realizadas em mercados, na rua, etc. Também é necessário realizar um estudo crítico dos modelos feminino e masculino que proporcionam a televisão, as histórias em quadrinhos, as leituras infantis e juvenis e os próprios livros de texto. Uma aula de história realizada a partir da leitura de qualquer um dos temas que mencionamos pode ser um excelente impulso para o desenvolvimento do espírito crítico e para a análise anti-androcêntrica. A partir daqui, pode surgir da mesma aula, adequadamente estimulada, uma série de possibilidades.

Uma proposta alternativa para as aulas de alunos mais velhos pode ser a seguinte: que alunas e alunos escrevam eles mesmos a história, aquelas que os textos esqueceram de contar, partindo da busca de fontes históricas. Uma forma fácil de consegui-lo é mediante a coleta de dados verbais sobre a história recente, realizando enquetes com adultos de diversas idades, os quais costumam ser solícitos em relação a esse tipo de pesquisa. Assim poderão reconstruir a história imediata, não só a de heróis e batalhas, mas a da vida cotidiana, aquela que informa, muito melhor que as revoluções, sobre a forma de viver, a economia, os costumes, o nível de desenvolvimento tecnológico, as idéias, a concepção do mundo e o lugar que nele ocupam as mulheres e os homens segundo seu nível social e que permitirá comprovar como alguns fatos podem ser narrados de maneira muito diferente pelas pessoas que os viveram.

A história mais remota poderá ser tratada a partir de visitas a monumentos e museus, da análise de documentos, obras de arte, instrumentos de trabalho, etc., com o que se pode reconstruir a vida cotidiana de cada época. As meninas e os meninos poderão descobrir que existiram mulheres em todas as épocas e, assim, terão elementos para criticar, por si mesmos, sua ausência nos livros.

As guerras e as conquistas também devem, evidentemente, ser estudadas, mas incentivando as alunas e os alunos a imaginar outras formas possíveis e mais inteligentes de solucionar os conflitos históricos e levando-os a analisar as conseqüências e o custo humano que implicam. Convém incitá-los continuamente a raciocinar sobre a desproporção existente entre o motivo e a conseqüência das guerras e do uso da violência em geral. Pedir a eles que imaginem de que outras formas as mulheres poderiam ter solucionado os problemas, levá-los a exercitar diferentes pontos de vista sobre um mesmo fato e a aceitar que um acontecimento admite múltiplas interpretações.

O resultado concreto de tudo isso pode ser um livro alternativo, escrito por todos os membros da classe.

Os Sonhos Vão à Escola

Em um belo livro dedicado ao estudo do pensamento e à obra de Darwin, Gruber escreve: "Nem todos os pensamentos são livres, somente os sonhos o são". Esta é uma frase que poderia sintetizar a idéia condutora de tudo o que se tentou expressar nas páginas precedentes. Se algo falta às mulheres, como grupo, são utopias. Todas as grandes realizações da humanidade têm sido em algum momento utopias e, para construí-las, foi necessário sonhar.

A escola é uma caricatura da sociedade. Por ela passam, como não passam por nenhum outro lugar, limitadas por diminutivos, todas as idéias que uma sociedade quer transmitir para conservar, tudo aquilo em que se acredita ou quer que se acredite. O ensino, nos níveis básicos, está nas mãos de mulheres. Até quando vamos repetir docilmente a lição que nos ditam?

É necessário fazer nosso o idioma, não negar às meninas sua identidade sexolingüística, afirmar o feminino. Dar aos meninos o que a sociedade lhes nega: a possibilidade de serem eles mesmos, de não ter que esconder seus medos e fragilidades sob máscaras de fortaleza. Preparar tanto as meninas quanto os meninos para percorrer novos caminhos com seu pensamento, para criticar e construir, para cozinhar e lavar pratos, para unificar o que foi fragmentado arbitrariamente.

Não se pode mudar a sociedade a partir da escola, mas podem-se lançar alternativas, desenhar novas possibilidades, ensinar a abrir caminhos e mostrar que nós, os seres humanos, podemos escolher.